ひとり暮らしの小学生

価値語篇

2

Koichiro Matsushita

松下幸市朗

中村堂

もくじ

ひとり暮らしの小学生／価値語篇❷

「**価値語**」は、「考え方や行動をプラスの方向に導く価値ある言葉」のことです。詳しくは、「価値語100ハンドブック❷（中村堂刊）」のp.2-3をご覧ください。

価値語②
始まりま〜す

第1話　鈴音リン、元気に学校へ通う

鈴音リン　小学5年生
親を亡くしてひとり暮らしをしている彼女ですが、
毎日元気に学校へ通っています。

朝からハイジャンプ

教室に入る前に「ジャンプを5回しよう！」という活動をしているクラスがあります。朝から気分を高めて、気持ちをつくって教室に入り、皆と学んで成長することは、とても楽しいことです。

先生おはようございます!!
ガラッ
おはよう今日も元気だな
今日も5回ジャンプしてテンション上げてから教室に入りましたから！
元気になれる素晴らしい取り組みだな！
そうなんです
最近食事は水だけにしてるのに元気出るんです！
それはやめような

自分の限界を超える

自分の限界よりも、さらに上を目指しましょう。無理だと決めてやらなかったら限界を超えることはできません。きっとできると自分を信じてがんばることで、乗り越えることができるのです。

新記録だぞ がんばったな
エヘヘ
すごーい
私もがんばれば 記録更新 できますか？
もちろんさ！
よし！
私も水だけ 生活の日数の 更新を！
それは やめとけ！

五つのシンをもとう！

①指導に「芯」がある、②担任の「心」がこもっている、③「真」心が伝わる、④子どもたちが先生の話を「信」じている、⑤先生がいつも「新」しい話をする。そんな教室をつくりたいものです。

俺は「芯」のある指導を心がけているつもりだ
合田先生
バン
そして「真」「心」がこもった指導
熱血教師
だから俺を「信」じてくれ！
その上
みんなには常に「新」しい話題を提供するからな
それ昨日も言ってましたよ
天然

身ぶり手ぶり力

話す時に身ぶり手ぶりを加えることで相手に分かりやすく伝えることができます。身ぶり手ぶりによって、内容をより伝えられ、納得してもらえます。とても大切なコミュニケーションのポイントです。

給食費を忘れたのか？
ご　ごめんなさい
ゆ　許してください・・・
うる
いや　怒ってないって!!
けど顔が怒ってますけど…
顔が怖いのは元からで怒ってないから
よかった〜

ニコ ニコ ニコ
みんないつも笑顔だな
それは皆が笑顔に笑顔で返してるからだろうな・・・
俺も皆を見習い笑顔を心がけよう!!
ギュッ
ニヤリ
先生怒ってるけどどうしたのかな?
やっぱり怒ってるよねいつもより怖い顔だし・・・

ほほ笑み返し力

ほほ笑みには、ほほ笑みで返しましょう。温かい表情は、相手に安心感を与えます。この言葉には、お互いを思いやることの大切さも含まれています。飾り気のない素直な感性が感じられます。

よい無視

手を貸すばかりではなく、あえて放っておく。「冷たい無視」ではなく「よい無視」で、相手の成長を待ちます。望ましい姿を見せることで「待っているよ」の気持ちを伝えます。

リン
今日遊びに
行かない？
ごめんね
今日も
仕事が
あるから
リン
がんばれよ
え？
はい
先生
がんばっている子に
がんばれとは
余計なこと
言っちまったかな
♪

「がんばれ」は励ましの言葉

「がんばれ」という言葉は、勇気を出させたり、人を元気にしたりする言葉です。友達に「がんばってね」と言われたことをきっかけに、一生懸命取り組むことができるようになるものです。

第2話　熱血教師
おはよう
お、おはようございます
どうしよう…俺のこと怖がってるな…
合田先生
外見は怖いけど根は優しい熱血教師

普段から価値語を考えることを習慣化しような
はい
そしてそれを日常で活かすといいぞ
はいがんばります
リンは受けとめる能力が素晴らしいな
俺も子どもたちをキチンと受けとめないとな…
がんばるぞ!!
熱
血
今日も先生機嫌悪そうだな

風車のように受けとめる

風車が風を受けて回るように、ひとの意見をしっかりと受けとめる力のことです。図画工作の時間に、先生からのアドバイスを素直に受けとめていた友達の様子から生まれた価値語です。

成長の肥料

成長をするには、成長のもとになる肥料のような、人や出来事が必要だという意味です。植物の生長に肥料が必要なように、学校生活の中の価値語などが豊かな人間の成長のための肥料になります。

今から各グループで価値語を1つ考えよう！
なにか困ったら気軽に俺に相談するんだぞ！
困ったね 2つともよいし絞れないよね
先生に相談しようか？
自分たちで解決しようか
威圧
そうだね

先読み力

先のことを考えて行動することが大切です。先を読む力があれば、「○○をしてください」と、正しくはっきりと伝えることができます。特にリーダー的な立場になった人は、先読み力が大切です。

水をいっぱい飲んでるがそんなに喉が乾いてたのか？
いえ 3時間目はお腹が鳴る頃なので鳴らないように対策です
素晴らしい考えだ！ノーベル賞ものだな
いえ…そんな大したことじゃ…

先生って給食の時も怖いよね
そうだね
リン
ビクッ
先生!?
聞かれた!?
俺のパン食べるか?
腹が一杯でな…
いい人かも

優しさの可視化

優しさは見えません。行動に移し、可視化するからこそ伝わるのです。「『思い』は見えないけれど、『思いやり』は見える」という言葉があります。「優しさ」も同じではないでしょうか。

この問題はね…
そっか、
昼休みなのに友達の勉強の手伝いとは感心だな…
よし！おれもリンを見習って昼休みを子どものために使うぞ！
山本〜最近困ったことはないのか〜？
あ、ありませんっ

命プレゼンター

「時間は命」です。この世に命を授かった瞬間から人生を終えるまで、誰もが平等に与えられた時間を過ごしています。自分以外の誰かのために時間や命を使うから、その人は素敵に輝くのです。

俺は外見が怖いから皆が怖がる気持ちも分かる
けどクラス全員に心を開いてほしいと思ってる
だから今日は笑顔を心がけていたんだが…
気づいてくれただろうか?
気づかなかった!!

未来と今を比べろ

成長のためには、過去と今を比べるのではなく、未来と比べることで、今の自分に必要なことが見えます。「過去は変えられない。未来は変えられる。」と菊池省三先生は語られています。

審美眼を磨け！

審美眼とは、美を識別する能力のこと。「美」とは、本質を見極める力をさします。何を見て、何を選ぶのか。審美眼のある人は自分の中に美しいもの、素晴らしいものの基準をもっています。

キーンコーン
カーンコーン
皆に信用されるには時間が必要だよな・・・
先生
ん？
さようなら
おう！
また明日な!!

怖がらなくて
いいんだぞ！

鈴音リン
両親の残した食堂を経営して生活している
勤労女子
日高陽子
仕切るの大好き
リーダー気質女子
中川大輝
元気いっぱい
活発男子
合田剛
外見は怖いが根は優しい
熱血教師
山本祐介
勉強大好き
真面目男子

昼休みみんなでドッジボールするんだから早く歩いてよ
キーンコーンカーンコーン
第3話 ボランティア
日高陽子 クラスのまとめ役で仕切り屋女子

ハイジャンプ
を超える
みんなでドッジボールに行ったんだな…
リン…
一人で何してるんだ？
廊下が汚れてたから
感心だな！

一人でいるのも意味がある

ボランティア活動で、仲がよい人同士で集まるということがあり、話し合いをしました。最初は、掃除《そうじ》当番をくじで決めていましたが、次第に一人で実施できるようになりました。個の確立が大切です。

「やります」は「のびます」

自らすすんで行動することで、さらなる成長が始まります。主体的に取り組むことが成長するためにはとても大切です。積極的な行動は、友達にも影響を与え、集団の成長につながります。

リンが昼休み廊下の掃除をしてたんだ
みんなも何かボランティアするんだぞ!
分かった学校の掃除毎朝する〜
日高陽子は行動力があり
陽子ちゃん偉いな…
ねえみんな
強引
えっ!?

ボランティア初日
全員いるようね
チュン
チュン
それじゃ分担して掃除始めるよ！
次の日
チュン
チュン
陽子ちゃんだけ来てないね

行動尾までしっかりと

コミュニケーションでは「語尾」まではっきりと伝えることが基本とされています。同様に、様々な活動においても行動の最後までやり切ること、つまり「行動尾」を意識することが大切です。

カイゼン

日本の工場の作業者が行う活動・戦略のことで、海外でも通用する言葉として「カイゼン」と表記されます。教室でも、みんなで意見を出し合って、生活をよりよいものに改善していくことが必要です。

私が思うにボランティアを強制するのは変だと思う！
それに朝から掃除なんて勉強する前に手が汚れるし！
だからこれからはやりたい人だけやることにしよう！
それでいいでしょ！
いいんだけど…
そもそも自分が言い出しっぺなのに…

朝のボランティアは義務じゃなくなったんだよね…
けど私一人でも続けよう
オッス俺も続けようと思って
中川くん
私もー
僕もやるよ!
みんな!

義勇軍の力

義勇軍とは、戦いの際、民衆の中から生まれた自主的な軍のことを言います。言われたから、叱られるからという理由ではなく、「自分たちの意志で動く」という意味がこめられた価値語です。

汚れた手こそ美しい

手の汚れは嫌なものです。でも、その汚れた手は、掃除をしてどこかをきれいにした証《あかし》です。掃除によって汚れた手に「美しさ」を感じ取ることができたことは、大きな成長です。

まだ掃除してたんだ…
自分まで汚れちゃってるし何が楽しいんだか・・・
よしっ
・・・

全員出働

子どもたちが全員ボランティア活動に出て、朝の数分間、教室は誰もいない静かな状態になりました。姿はなくても、一人ひとりががんばっていることが感じられ、教室の風景が素敵に見えました。

チュン
チュン
5-3
ガラッ
みんなおはよう
!?
今日も全員がんばってるんだな!

第4話　学ぶ努力

やっと仕事
おわった・・・
カレーライス
690円
野菜炒め定食
700円
コーヒー
320円
オムライス
750円
ラーメン
680円

暗記全開

もっている力を最大限に発揮し、学ぶときは体で覚えましょう。小学校の時代に徹底して学んだことは、一生忘れないでしょう。学びは、絶対に裏切りません。全ては自分のためなのです。

最近成績が下がってきたな…
山本
ハイ
52
満点だったぞがんばったな！
そんなことないです
勉強と言ってもお風呂やトイレでもずっと教科書を読んでいただけですから
100
すごすぎだよ！

学力は楽力

学習を楽しんでする人は少ないと思います。しかしながら、楽しんで学んだ方が、学力は定着するようです。努力をしてものごとに取り組む価値だけでなく、楽しく取り組むという価値も大切です。

家でいつも教科書読んでんの？
うん そうだよ
それよりゲームの方が楽しいよな～
教科書読んでも楽しくないよね～
それなら勉強を楽しんでやってみたら？
楽しみながら学力も上がって一石二鳥だよ
そもそも勉強が楽しめないのよ！

漢字オタクになる

漢字練習が大好きで、ドリルの紙面を漢字で埋めつくすまで練習している児童がいました。漢字の学習を通して「成長したい」と強く思っていました。大好きになれば、どんなこともがんばれます。

楽しむ努力をするんだよ
楽しむ努力って何よ？
例えばこれ僕の漢字の練習帳だよ
お絵描き？
すごい漢字だっ!!!

えんぴつが止まらない

書くことは、考えるということです。じっくり考えて書くことも大切ですが、素早く考えて書くことも大切です。えんぴつをたくさん動かすことで、考える力がついていきます。

仕事の合間の勉強にもっと集中しないとな…
えんぴつが止まらないように意識してみよう
集中
焼魚定食ね
ちょっと聞いてんの!? 焼魚定食!
あっ すみません!!

ジュ〜〜
なかなか勉強進まないな…
「ずっと教科書を読んでた」か…
ジュ〜〜
ジュ〜〜
わかる!
理科
ちょっと煙!!
あっ!?

TTP　徹底的にパクる

人の行動が「よい」と思ったらそれを積極的に取り入れることです。「パクる」という言葉には悪いイメージがありますが、ここでは、人のよいところを見て自分もよくなろうとがんばるという意味です。

限界突破

「限界突破」とは、己の限界を超えることです。諦《あきら》めずに限界まで挑戦するぞという気持ちで、何事にも挑戦し続け、毎日続ける努力をおしまないようにしたいものです。

山本 今回のテストもがんばったな！
どうしたんだ 嬉しくないのか？
はい 点数は上がらなかったので
そりゃ満点だからな
100
どうしたら100点を超えられますか？
えと…
それは…
字をきれいに書いたらいいですか？

全ての経験は、成長に通ず

コーチングの第一人者である本間正人先生は、「失敗ではなく、未成功と呼ぼう」と言われています。経験することの大切さをこの言葉から学びます。全てを自分の成長へとつなげていきましょう。

また成績下がっちゃった…
39
リン 暗い顔して どうした？
エヘ
将来 先生になりたいん だけどこんな点数じゃ 無理だと思って…
いろいろと勉強方法を 試してみたけど 失敗ばかりだし…
失敗じゃない 未成功だ
その経験は 夢につながって いるんだからな
先生…

ガラ
いらっしゃいませ～
食堂
ポト
スー
スー

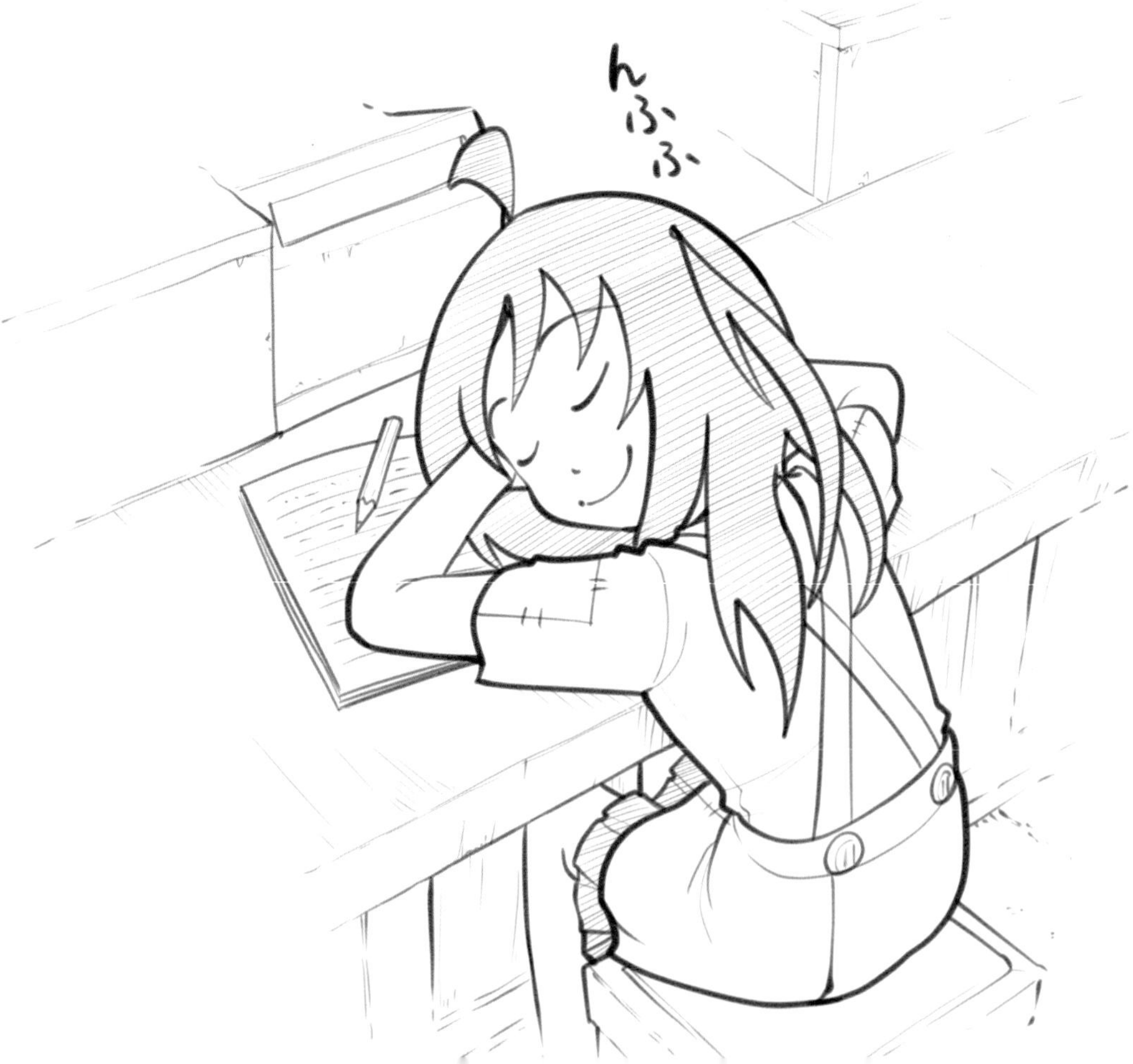
んふふ

第5話　笑顔の教室

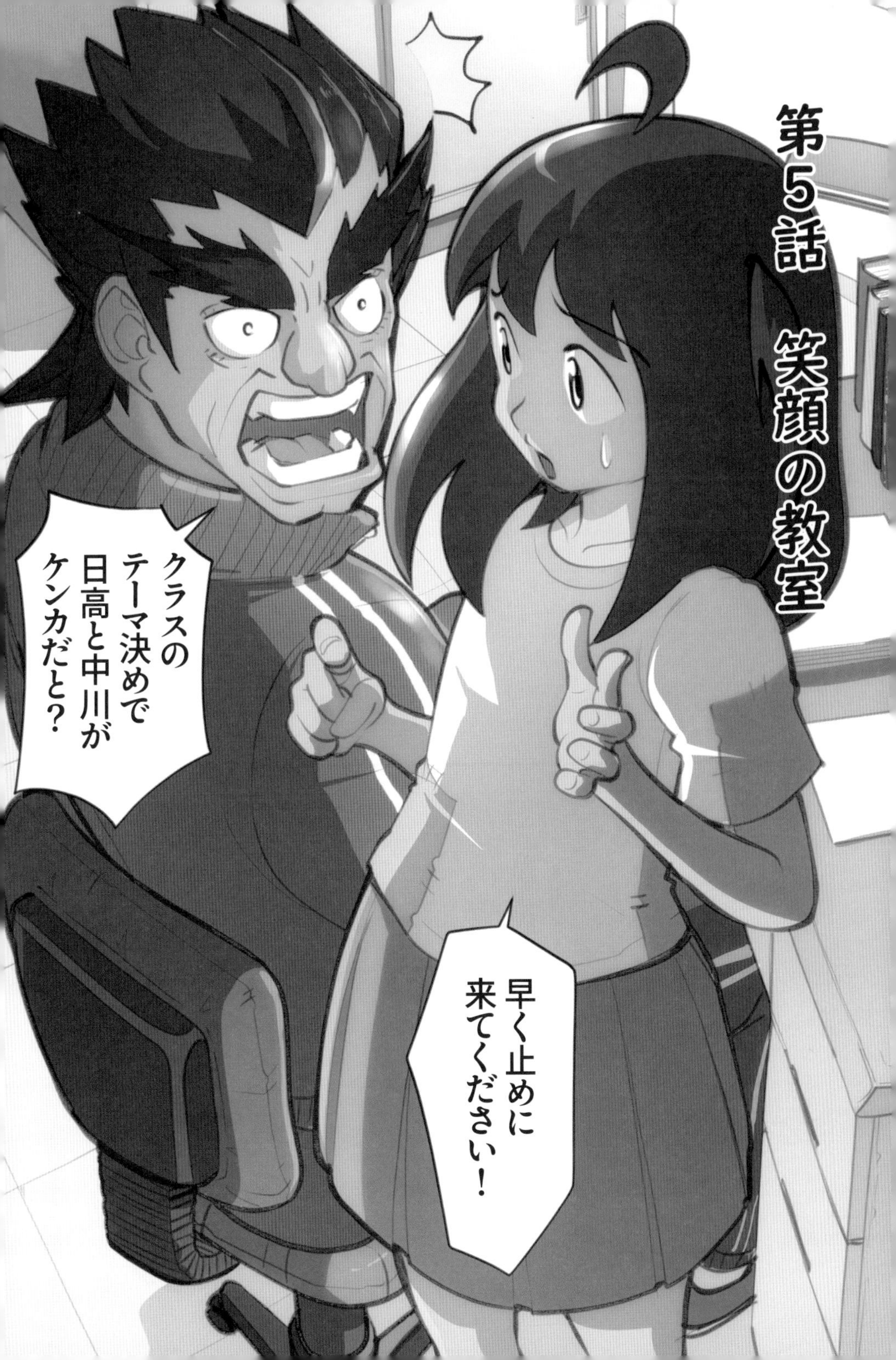
クラスのテーマ決めで日高と中川がケンカだと？
早く止めに来てください！

理由のない意見はいじめだ

理由がない意見は、相手を傷つけるだけになることがあります。人に意見を言うときに理由を言うことで、その意見でもっとよくしてほしいという気持ちを伝えることができるのです。

今の発言取り消しなさいよ！
嫌だねだって本当のことじゃん！
嘘つき！！
なんだとー！！
ガラッ
やめろケンカの理由はなんだ？
中川が悪口言うんです！
悪口じゃなくて意見で〜す
理由がない意見はいじめと変わらないぞ
え…

ほめ言葉は、HOMEから

家族をほめていますか。温かなほめ言葉を家庭（HOME）から始めましょう。「〝ほめ言葉は、HOMEから〟というように語呂《ごろ》で覚えておくと忘れないよ」という会話から生まれた価値語です。

ほめ言葉は
HOMEから
教室は家族も同然だ
だからお互い家族のようにほめ合おうな
そもそも家族でほめ合わないし
俺も
なんと!?家族でほめ合うのは大事だぞ!
リンもそう思うだろ!?
え?
私ひとり暮らしで家族がいないので
しまった!!

すずめの注意力

友達が漢字の学習をする際に、「とめ、はね、はらい」などの細かなところにも注意をはらっている様子を見て、すずめの小さく細かな動きを連想してこの価値語は生まれました。

それじゃ二人でお互いをほめ合ってみよう！
え〜〜〜〜〜〜
ほめ言葉なんて出てこないわよ
俺だって出てこねえよ！
細かいところに目を向けてみろ
いいところね…日高の足の爪はキレイとか？
中川の耳の裏のホクロはカッコイイとか？
それは細かすぎだろ・・
フフフ
へへへ
二人とも嬉しそう!?

本気の拍手

拍手のポイントは、二つあります。「強く、細かく、元気よく」することと、「指の骨が折れるくらい」本気ですることです。相手への称賛の気持ちを拍手で伝えましょう。

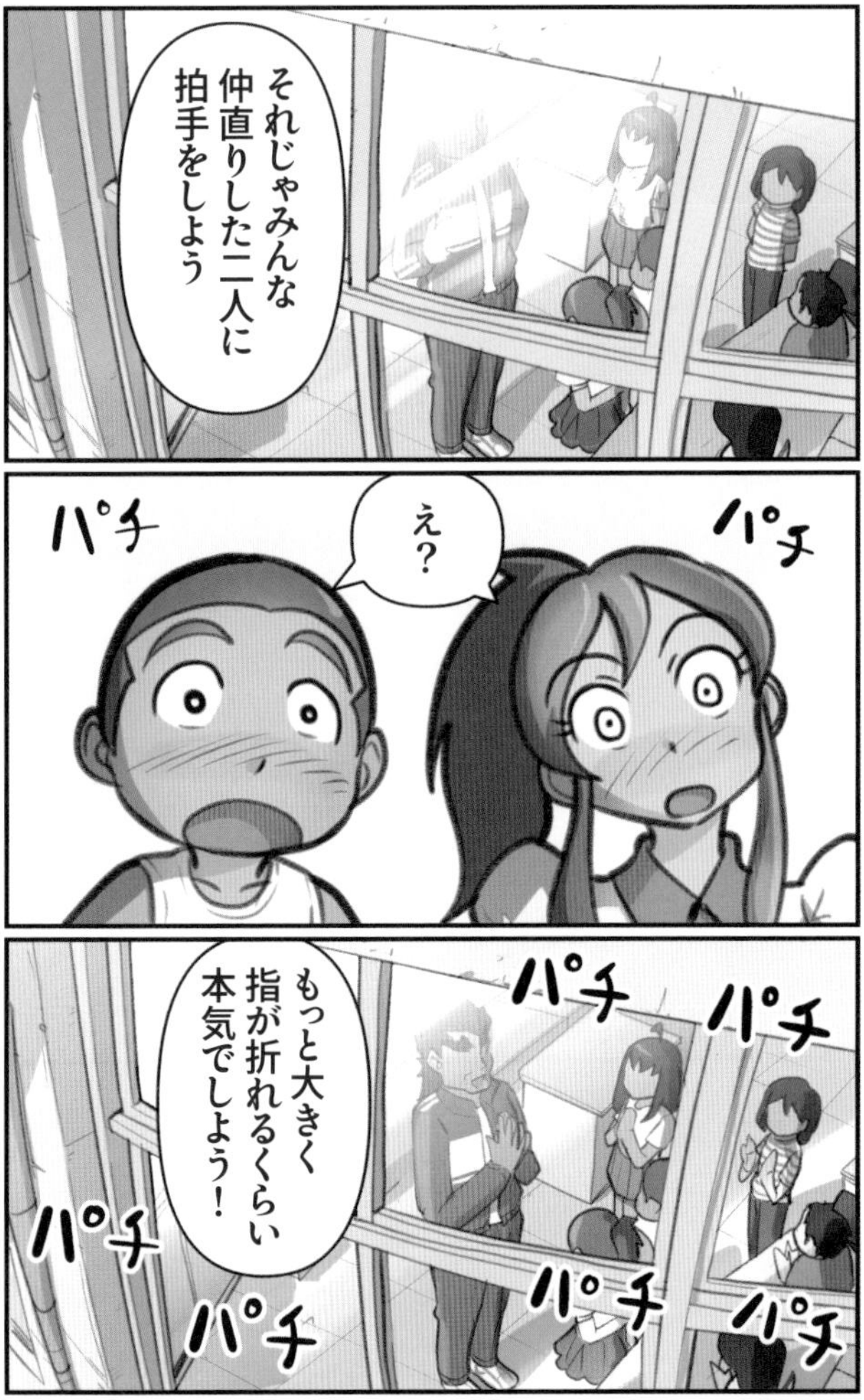
それじゃみんな仲直りした二人に拍手をしよう
パチ
え？
パチ
パチ
パチ
もっと大きく指が折れるくらい本気でしょう！
パチ
パチ
パチ
パチ
パチ
パチ
本気なのに指が折れそうにないよ
それでいいのよ折れちゃったら拍手できないし
パチ
パチ

拍手は笑顔で受けとめる

拍手は、相手への称賛です。拍手をしている人はきっと笑顔で贈っていることでしょう。贈られた人も、その気持ちを十分に分かって、笑顔で拍手を受けとめたいものです。

パチ
パチ
パチ
パチ
パチ
パチ
パチ
パチ
パチ
パチ
パチ
パチ
パチ
笑顔になって
よかった
パチ
パチ
パチ
パチ
パチ
パチ
パチ
パチ

スマイル平和

スマイルがあふれた世界こそ平和な世界です。教室に、家庭に笑顔が増えると、それだけで雰囲気はがらりと変わります。一人ひとりが幸せを感じることのできる教室には、必ず笑顔があふれています。

三十人無限色

一人ひとりの可能性を信じ、自分らしさを発揮し合える教室をつくりましょう。自分や仲間の可能性を限定せず、もっと自由に個性を発揮させていこうとする前向きな気持ちが感じられる価値語です。

5-1
今日はそれぞれが認め合うことができたことだし・・・
十人十色
クラスのテーマは「十人十色」でどうだ？
うちのクラス30名ですよ？
それじゃ足りないよ
三十人無限色

第6話　スキーに挑戦

美・体育

体育学習は、結果が分かりやすすため、苦手な子は周りの目が気になり、取り組もうとすることが難しくなります。取り組むことが「美しい」ととらえることでクラス全体が成長していくことができます。

よし今日の体育は裏山でスキーをしよう
ザワ
私スキーなんてしたことないよ
ザワ
僕もだよ…
ザワ
滑れなくても挑戦する姿勢が大事なんだ
それに安心しろ俺だって初心者だ
とても不安なんですけど…

ゆきだ〜
すご〜い!
けど初めてだし不安だよ
オリンピック選手だって初めから滑れる人なんていないんだぞ
それじゃ私もオリンピックに出られるかもしれないってこと?
もちろんさ!
そう考えるとなんか燃えてきたかも!
よしっスキーで夏のオリンピック目指すよ!
夏はスキーないけど

一回の挑戦は、∞《むげんだい》の可能性への扉《とびら》

大人も子どもも、新しいことに挑戦をすることは、大いなる冒険です。慣れた場所や慣れたことで安定したいというのは、多くの人の思いですが、初めての経験は、∞の可能性への大いなる一歩です。

わ〜
すご〜い
シュッ
シュッ
ま〜ね〜
3歳から
やってるの
わわわ
助けて〜
後ろに
行くよ〜
キャッ
それでよく
オリンピック
なんて
言えたわね〜
練習するだけ
無駄じゃないの？
アハハハハ

ちゃんとした言葉をちゃんとした言い方で

体育祭のふり返りをしたときに、ある子が言った言葉です。汚い言葉を使わなければいいだけではなく、声のトーンや表情、伝える場所など言い方も大事にしないと、相手は受けとめられません。

黙想《もくそう》で心のリセット

授業前と掃除前に全校で黙想をすることになっている学校で生まれた価値語です。何のために黙想をするのかを共に考え、外の世界を一度切り離して黙想をすることで、心をリセットできます。

キャッ
リンも懲りないわね〜
うん・・
何をするにも練習は必要だし
ザザザッ
何もしないでうまくなる人はいないから・・・
そうかもしれないけど・・・

練習でさらなる進歩

「量はいずれか質になる」という言葉があります。一定の量をこなすまでは、結果が出るか分からないので不安もありますが、苦しい時期を脱すると、結果が少しずつ出て、楽しさも生まれます。

自分を見捨てない

「自分を見捨てない」は、分からないことやできないことがあっても、「自分なんか」と思わずに友達に聞くなどして諦《あきら》めずにがんばることです。「自分を見捨てない」を意識することは大切です。

だからスキー教えてくれる？
えっ？
だって日高さん先生より上手なんだもん
もちろんいいわよ！
ありがとう！
うおー誰か止めてくれー

リンだいぶ上手になったよ!
ありがとう~日高さんのおかげだよ!
でもオリンピックは無理だと思うけどね
も~
冗談だよ~
けど明日も練習しようと思ってるの
えっリン明日もするの!?
うんもっとうまくなりたいから

諦《あきら》めない心

諦めても何も得をしません。「面倒くさそうだからしない」ではなく、「自分が納得いく結果を得たいからする」という気持ちを育てたいものです。諦めなかったら喜びが待っています。

そりゃ この天気なら 雪溶けるよ～
せっかく学校から スキー道具持って 行ったのに
えっ!? それは お疲れ様・・・
スキー道具 もっと安かったら いいのにね～
まあ お金のかからない スポーツって走る ことぐらいだからね
・・・
マラソンなら 夏のオリンピック 出れるよね!?
へ?
ギュ
よしっ!!

ハァハァ
5-1
鈴者

第7話　児童会選挙

もうすぐ6年生だ今度の児童会選挙に立候補する人はいないか？
ほめられ上手
机の乱れは心の乱れ
学校の顔になる
公を意識す
全力挙手

お金もらえるわけじゃないしやりたい人なんていないよね
はいっ！
いた！
ビシィ
しかもすごいやる気だ・・

全力挙手

肘《ひじ》までしっかり伸ばして、中指を天井に突き刺して挙手する様子から生まれた価値語です。やる気に満ちた学びの姿勢を表すと同時に、その様子が教室全体に伝わり、教室の空気も変わっていきます。

公を意識する

社会に出た時に通用する行動を意識して日々を過ごすことが大切です。自分でしっかり話を聞いて判断し、行動することなどを意識しながら、将来世の中に出た時に役立つ力をつけていきましょう。

どうして児童会長になりたいと思ったんだ？
はい 社会に出たら役立つ経験になると思ったので
今から将来を意識するとは素晴らしいぞ！
なんか自分が恥ずかしくなってきた・・・
どうしたの？
べつに…

児童会長に立候補するなんてすごいね
ありがとう!
私には真似できないよ~
そりゃリンには無理よ!
えっ!?
だって放課後働いてひとり暮らししてもっとすごいことしてるんだもの!
ありがとう…

ほめられ上手はほめ上手

ほめられる態度が正しい人は、ほめ方も上手だということを意味しています。ほめ言葉のシャワーの取り組みでも、ほめる側、ほめられる側、どちらも笑顔と目線が大切です。

机の乱れは心の乱れ

「教室は顔です」という価値語の通り、机が乱れていると、その顔が汚れているように見えてしまいます。心の乱れは、机の乱れとなって表れます。机を整えることで、心の乱れも正されていきます。

みんなで体育館行こうぜー
キーンコーン
5-1
カーンコーン
お昼休みだー
日高があんなに将来のことを考えていたとはな・・・
だが・・・
ぐちゃ〜〜〜
本当に大丈夫かな・・・

学校の顔になる

自分が学校の代表になるつもりで行動、活動をすることを表す価値語です。高学年になったときなど、学校の代表として積極的に動いたり、活動したりするという自覚が大切です。

明日は全校集会で選挙演説の日・・・
学校の顔として恥ずかしくない演説をしないとな・・・
がチャ
ただいま～と言ってももう寝て・・
そ～
私が児童会長になるからには～
ニコリ

気づきの目

気づいたことをすぐに行動に移すという意味です。ケンカをしていても見ぬふりをしたり、ものが落ちていてもそのままにしたりしていると、人間関係も教室環境も悪い方に行ってしまいます。

あれ？日高はまだ来てないのか？
見てないよ
今日は演説なのにゆっくりだな・・・
選挙のタスキ作ってあるのかな？
作ってないかもね〜

児童会長選挙演説
えっ!?
日高はまだなのか?
う〜ん
遅いな…

ブラウニー39!(サンキュー)

「こびとのくつや」という物語の中で、夜中に素敵なくつを仕上げてくれる小型の妖精をブラウニーと言います。誰にも気づかれずに誰かのために動く姿は、美しく輝きを放っています。

第8話　リン、学級代表になる

先生おはようございます
おはー
中川
なんだその言葉遣いは?
リンを見習え!
お店の接客で磨かれてるので
エヘヘ
へ~
接客でよく使う言葉ってあるの?
う~ん…
大変申し訳ございませんでした
謝罪!!

言葉を磨く

雑な言葉遣いは、雑な日常生活の象徴です。言葉を磨いて、ていねいな言葉遣いをしましょう。磨かれた言葉によって、友達との関係もよりよいものになっていきます。言葉は実体験を求めるのです。

原始人になろう

シンプルに生活することで、よいものが生み出されることがあります。シンプルなものをシンプルに使うことで、たくさんの工夫や知恵が生まれてくるのです。「シンプル イズ ベスト」です。

リンの筆記用具それだけなのか？
はい
なるほど・・・持ち物がシンプルだからいつも成績いいんだな
俺の方がシンプルだぜ
何も持ってきてないもん
だから成績が悪いんだろ！

目で聞く

耳だけではなく、目を向けて聞くことが大切です。「正対」という言葉があります。話をしているとき、相手から目をそらさないで聞いている様子です。目も使って集中して聞きましょう。

一致団結！
これから6年生になって初の学級会を始めるぞー
とは言っても興味ないんだろうな・・・
みんな真剣な目だ・・・
6-1
それじゃまずは学級代表を決めようか！

自ら白羽の矢を立たす

秀《ひい》でた人を周囲が認めるという意味の「白羽の矢が立つ」という言葉があります。態度や行動が秀でた友達が自身を輝かせていることから、「自ら白羽の矢を立たす」との価値語が生まれました。

学級代表
誰がいいかな
はい
日高さんなら
いいかも・・・
リンが
いいと
思います
えっ!?
無理無理!!
大丈夫よ
いつも一生懸命だし
人のために動けるし

この間もさり気なく黒板を消してたし
それに毎朝お花に水をあげてくれてるのもリンだよね
確かにリンいいと思うな
えっ!? みんな見てたの
もちろん
この間僕の苦手な牛乳をさり気なく飲んでくれたし
あそれは純粋に飲みたかっただけで…
へ
アハハハハ

天使活動

人知れずよい行いをしながらも名乗り出ない行動から生まれた価値語です。この言葉を心に宿している人が増えていくことで、優しく平和な気持ちが教室を越えて世界中に広がっていくことでしょう。

信じて、任せる

人が自分のもつ100%以上の力を出せるのは、信頼している人から信じて任せてもらったときです。私たちの生活する場を、そんな温かい空気感に包まれた成長の場にしたいと思います。

けど学級代表なんて
私自信ないし・・・
俺はリンなら
うまくできると
確信してるけどな
先生…
はい
やってみます!

みんなで最高に

自分だけではなく、みんなで最も高いところを目指して、クラス一丸となり、一人ひとりが行動や心を磨き、素直な心で、助け合い、支え合い、協力し合いながら最高を目指していくことが大切です。

それではクラス目標ですが
4つのテーマが出ました
さ 最後までする
い 一生懸命する
こ 心を1つにする
う 美しくある
これらを取り入れて
みんなで最高に!!
この目標に決定しました
卒業式の日まで常に最高を目指してがんばりましょう!

6-
走らない!
1年生かな?
かわいいな~

第9話　1年生と過ごす

うさぎの耳をもつ

お昼の放送の時に、ある児童が「ちゃんと聞こう」と友達に優しく言っていました。みんなもそれに共感し、うさぎの耳を立てるように、しっかり話を聞き取るという意味の価値語が生まれました。

1年生のみんな！
今日は先生に代わり
私たち6年生と
掃除します
どうしよう
誰も聞い
てない…
大丈夫
ざわざわ
けどその前に
みんなと一緒に
遊びをします
何してっ!?
えっ!!
ねっ！

図書室
それじゃカルタをしましょう
がんばれ～
シー
それじゃ集中できないでしょ!!
応援くらいいいだろ!!
二人共素敵だね！
どちらも相手のための行動だもの

優しさずもう

カルタ大会で、元気な応援と静かな応援がありました。それぞれの考える優しさについて話し合いました。よい気持ちがぶつかり合う関係は、みんなの思いの質も高めてくれます。

地蔵魂

お地蔵さんは、何があっても動じません。前を見続けるのです。「前」とは、目の前のことでもあり、未来のことでもあります。どんなことにもくじけず、前を見て成長の坂道を走り続けましょう。

ザワ
ザワ
ザワ
また騒がしくなってきたな・・
コラ静かにしてそろそろ教室の掃除するよー
え〜
リンこんな時でも動じないでさすがだね
犬も歩けば棒に当たる
実は足がしびれて身動き取れなくて…
え…

人の仕事を奪《うば》え

ある日の給食の片づけの際、一人の子が三人分の片づけをやっていました。おかげで、ほかの担当の人の仕事はなくなってしまいました。いい意味で友達の仕事を奪うということは大切だと考えます。

誰かやってよ
お前やれよ
君がやれよ
ヒョイ
それじゃ全部私がやっちゃおっかな～
え・・・
俺がやるよ
私がやる
僕やるよ～

あ～早く帰りたいよ～ね～
うん
お姉さん膝までついてとても掃除好きなんだね
この方が効率的で早く帰れるからね

膝《ひざ》で掃除をする

「掃除は膝をついてするもの」というわけではありませんが、雑巾《ぞうきん》がけをきちんとすると自然と膝がつきます。この姿勢になると、立って生活している時には気づかなかった床の汚れも分かります。

ビエ〜〜ン
あっ！
もう大丈夫よ
…
お姉ちゃん好き
え
なんかパパみたい
パパ…
いやいいんだけどね

親心のように温かく

下学年の子が困っていたら、すかさず寄り添う先輩でありたいものです。親心のように優しく接することで信頼され、学校を引っぱっていく高学年として明るい学校をつくることができるでしょう。

恩送り

相手が自分のされて嬉しいことをしてくれたら、自分も相手に喜ばれることをしましょう。よいことをしたら必ず自分に返ってくるものです。たくさん恩送りをされて良心をもつ人に成長します。

何これ？
今日のお礼に掃除券です
1年 おそうじけん
今度は私たちが6年生の掃除を手伝うので使ってくださいね～
使えって言われても…
ね…
1年 おそうじけん
次おれ行きたいなー
1年生喜んでくれたんだー
1年 おそうじけん
すごいなー
ねー
使えないよね
うん

第10話　全校大縄跳び大会

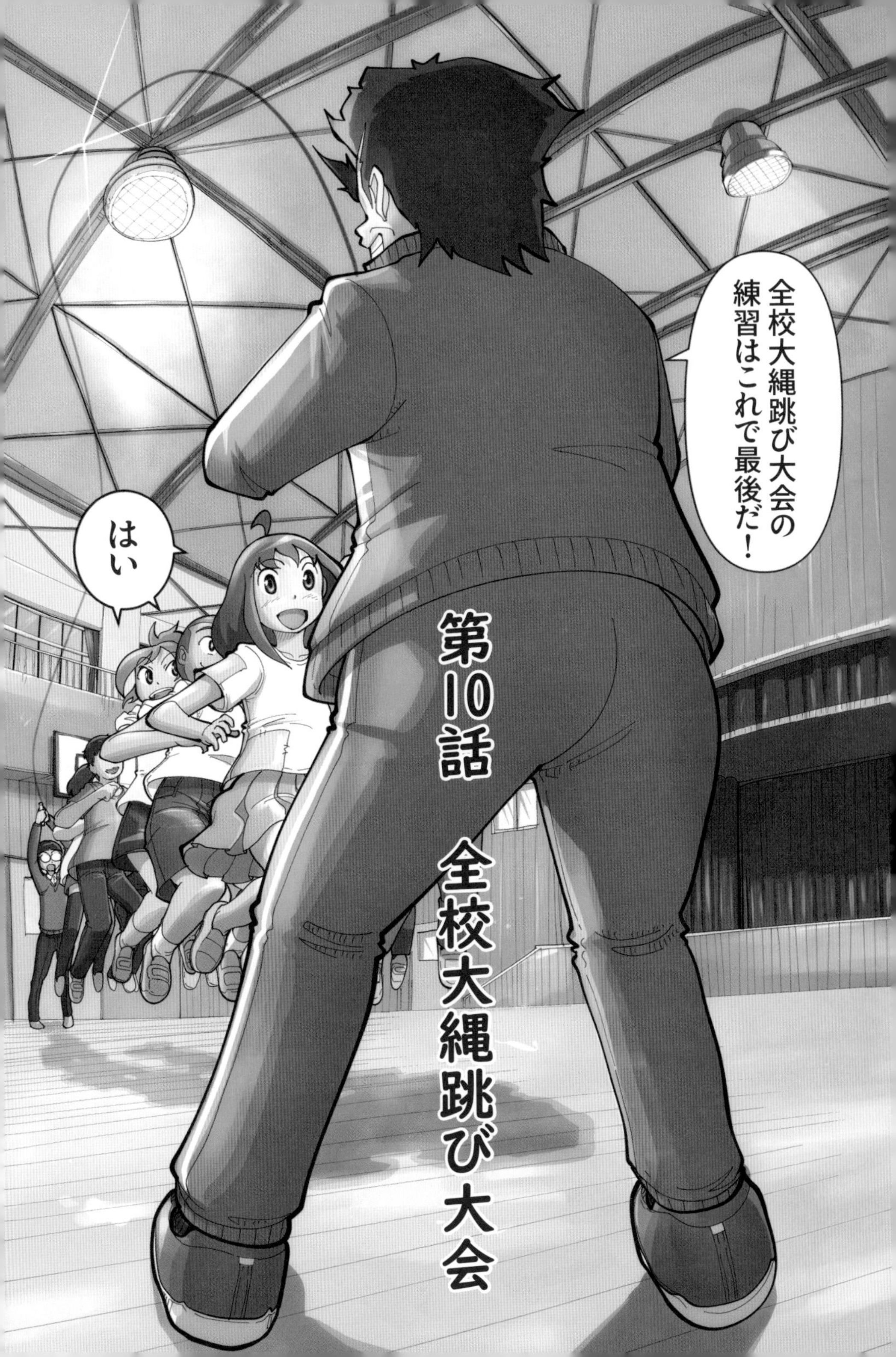
全校大縄跳び大会の練習はこれで最後だ！
はい

帰ろ帰ろ
まだやるの？
もうみんな
帰るよ
うん
けどどうせ
やるなら最高を
目指したいから
ドン
…
ドン
ドン

帰りの自主練

持久走大会で上位を目指すため、全校で一斉に行う練習以外に、自主的な練習が始まりました。その後、参加する人数がどんどん増えていきました。よい取り組みが、周りの人を感化したのです。

本気の練習

ある女の子が6年生を送る会で「練習も本気でやった方が成功するんじゃないかな」と言ったことからこの価値語が生まれました。本気の練習を通して、自信を身につけることができるのです。

ビシィ
あーもうっ!!
だめだ どうしても100回 超えることが できない・・
練習なんだから それくらいで 十分だろ
何言ってん ですか!
練習を本気で やらなくて本番で 本気を出せるわけ ないじゃないですか
え・・・

思いやりは目に見えにくいもの

人への思いやりは、当たり前だと感じてしまうものの中にあります。普段の生活の中にも、思いやりはあふれています。何気ない行動の中に思いやりを見つけ出し、常に感謝の気持ちをもちたいものです。

57
56
55
ドン
ドン
ドン
…もう時間なんだがな～
校長室
私が責任をとるのでもう少し体育館を使わせてください
わ、分かったからそんな怖い顔しないでくれ
これが素《す》の顔ですが

存在で支える

けがをして部活ができない友達が、ジャージに着替えて練習を見守っている光景から生まれた価値語です。たとえ同じように活動できなくてもそこにいるだけで仲間に力を与えることができるのです。

とうとう本番だね
どうしよう なんだか緊張 してきた
俺も・・・
ごめんね みんな
転んで足くじい ちゃって・・・
えっ・・・
中川
日高
山本
参加できなくて ごめんね
何言ってんの リンは応援団長 でしょ
そうだよ! 一緒にがんばろうぜ
え・・・ うんっ!

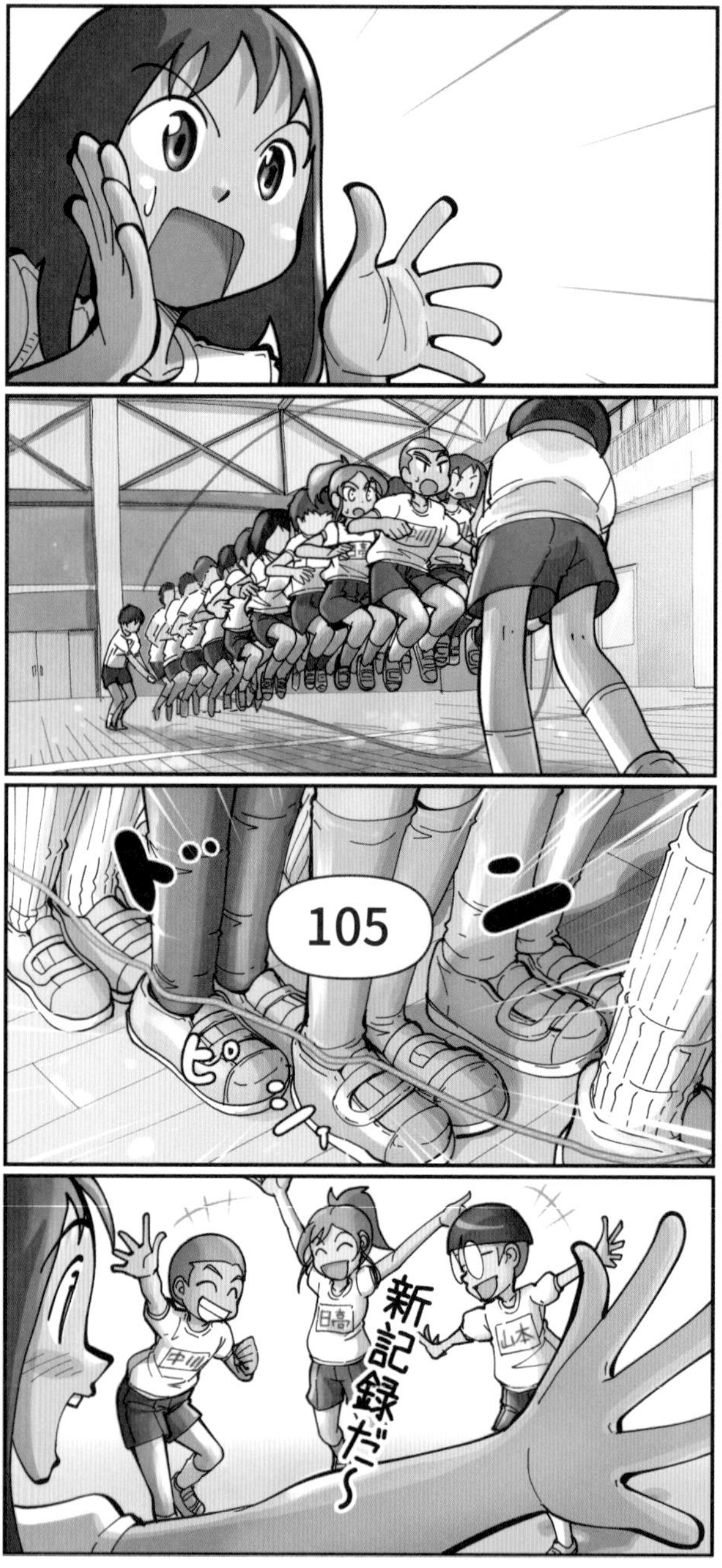

協力は無限の力

「協力の大切さ」を主題とした劇を子どもたちと観に行きました。協力してやり遂げた時、子どもたちはとても嬉しいものです。みんなで協力するとよいことがあるという経験を積ませたいと思います。

成長の涙

成長しようとする際の涙のことです。ある取り組みをして、おしくも4位だった児童がいました。そのときに流したのが「成長の涙」でした。成長しようとする心がすごいと、友達も讃《たた》えていました。

それでは大縄跳び
大会の優勝クラスは…
6年2組です
悔しいね
だな…
6-1

勝利より成長を

勝ち負けよりもそれに向かって努力し成長することが大事だという意味の価値語です。勝利は、勝つことではなく、成長することです。地道に成長していくことが何よりも大切です。

みんな おめでとう!
なにが めでたいん ですかっ!
優勝でき なかったのに
そうだな… 確かに優勝は できなかったが
すごく成長した と思うぞ!
クラス目標 みんなで最高に!!
一生懸命 がんばった みんなは 最高だった!

第11話　学級ディベート

今日はこれから2グループに分かれてディベートを行うぞ
私たちこそ負けないわよ
俺たちのグループが勝つからな!
クラス目標
みんなで最高に!!
修学旅行は
廃止した方がいいのか?

こだわり切る

「こだわる」と「やり切る」を合わせた造語です。「こだわり」という言葉はマイナスのイメージがありますが、自分が気になったことをこだわって追究するからこそ、新しい発見があるのです。

まずはグループで理由をまとめよう
こだわりをもって取り組もうな!
修学旅行反対の理由は固まったけど発表の仕方も大事だよね
プロジェクター貸してもらえますか?
発表にもこだわりたいんです
素晴らしい!!
光が弱すぎて見えないけど
安もんだからな
プロジェクターにもこだわってくださいよ

反論こそ意見

反論することで、自分の考えを深め、相手の考え方と比べることができます。理由や意味をしっかり考えて反論することで、本当の自分の意見ができ、白熱した話し合いもできるようになるのです。

以上が修学旅行反対派の意見です！
賛成派の理由は修学旅行が学びになるからです
その根拠は多くの学校が修学旅行を行っているからです
反対派の意見は根拠がないので説得力はゼロだと思いました！
ゼロ!?

ぶち壊す

反論を考えていた時に、「相手の意見をぶち壊す」と、ぼそっと言った子がいました。相手に伝えるとトラブルになりますが、「ぶち壊す」という言葉を口にして自分自身を鼓《こ》舞《ぶ》しているようでした。

なら根拠を示してやるよ！
えっ!?
サッ
リンはひとり暮らしだから修学旅行のお金に苦労してんだ
だからリンのためにも修学旅行はない方がいいんだよ！
どうだ参ったか!?
リンが参っているみたいだけど
あっごめん
大丈夫・・・

考えの品種改良

品種改良は、米作りなどで盛んに行われています。違う品種の米をかけ合わせておいしい米を作ります。友達と意見を出し合って組み合わせていくことで、よりよい意見をつくっていくことができます。

6-1
確かにお金で行けない人がいるのは問題だと思う
けどそこは税金や先生が出せばいいと思います
先生はどう思いますか?
ああ素晴らしい意見だな!
では・・・
ディベートはここまでにしようか
あっ!?
逃げた!
ガラ

コインの裏表で考えよう

一面的な見方や考え方ではなく、多面的な見方や考え方ができるように成長しましょう。正反対の相手の立場からの考えを身につけていくことがトラブル防止や成長につながります。

ねえ次は逆の立場でディベートしてみない？
え!? それって自分の意見と反対側になるってこと？
うん 相手の立場になるのって大事だと思って！
よし、それじゃもう1回やろうか！
うん やろう！

別に俺たちの負けじゃないからな
私たちも勝ったと思ってないよ
けど・・・
え？
ありがとうディベート楽しかったよ
こっちこそサンキューな

握手で始まり握手で終わる

握手をするということは、コミュニケーションをとるということです。握手をすることでお互いに笑顔が出てきます。握手をすることで、親しみがわき、温かい気持ちになります。

勝ち負けの価値

スポーツの世界には「勝ち負け」があります。結果が大事になる場面はありますが、結果の周辺にある多種多様な価値を感じとることが、人としての美しさやよさを際立たせてくれます。

今日のディベート
勝ち負けじゃないのは
分かってるけど
なんか
負けた
なって…
…
そう思える
ことが
すごいと
思うよ
ニコ
なんだよ
それ

今日は修学旅行で京都に来ています
第12話　修学旅行
わー 竹がたかーい なんで倒れないんだろう？
節《ふし》があってしなるかららしいよ

しなやかに生きる

竹のしなやかさの秘密は「節《ふし》」にあるようです。「節」は、人でいうと経験にあたるのではないでしょうか。私たちは、たくさんの経験を積むことで、しなやかさを育んでいくことができます。

そう考えるとお前たちと一緒だな
私たちが竹と？
竹の節は人の経験
お前たちにはたくさんの経験を積んでしなやかに生きてほしいと思ってな
先生…
よし俺もいっぱい寝て竹みたく身長伸ばすぞ！
お前は何聞いてたんだ？

目を閉じて
何してるのかな?
スー
森林浴かな?
森林浴・・・
スー
あっ
なんか心が
澄んでいく
ような・・・
リンだけに
凛《りん》とした
空気感ですね!
ぶち壊
された

りんとした空気

誰かがりんとした空気、その場に合った空気をつくると、その人を見た人も「私もしようかな」となります。みんなでりんとした空気を感化していくことが大切です。

自速時行

自分から速く、時間通りに行動することを意味してつくられた価値語です。ルールを守るのは、自分のためではありません。仲間が楽しく気持ちよく過ごせるように素早く行動をしていきましょう。

10分前に集合とは早いな
先生たちこそ早いですね!
俺たちは20分前には集まってたよ
そんな前から!?
こら中川のグループ遅刻だぞ!!
え?遅刻してないですよ
10分しか
10分遅刻してんだろうが…

他人事にしない

人のせいにしたり他人事にしたりせず、自分事で考えることが大切です。仕事を人任せにすると、迷惑がかかり、多くの人が困ります。そして、自分の信用もなくしてしまうことになります。

日高のせいで遅れたんだぞ
試食しまくってたのソッチじゃない
お前だって食べてたろ！
人のせいにしないでよ！
何やってんだ!!
またコイツのせいで怒られた…

汚心から清心へ

汚れた心から、清らかな心に変えることを意味してつくられた価値語です「汚名返上」という四字熟語に出合った子が、汚れている心から清らかな心に入れかえようと決意してつくられました。

そもそも たった10分の 遅刻で先生 あんなに 怒ること ないわよね
確かに
先生 私たちのために 20分前から待って たみたいだよ
え・・・
30分待たせちゃったのか
汚名返上 しないとね・・・
清水寺だけに汚心から 清心ですね
変なこと言って ないで行くよ

「はた」を「らく」にする

働くということは、傍（はた＝身近な人）を楽（らく）にすることにもなります。働くことは、人のためになっているということを意識することで、自主性が育まれていきます。

お
今回は早いな
先生たち休んでていいよ
私たちで点呼とかやるから
え？
今から点呼とりまーす！
はーい
ならんでー

ホテル
みんな夕食と
お風呂の時間
厳守なー
そのあと部屋に
戻って22時には
消灯だぞ！
ガラ
後半みんな
しっかり
しましたね！
ですね〜
ワー
キャー

モードチェンジ

集中したり、無邪気に遊んだりするときに気持ちを切り替えることを意味しています。クラス全員がこれを身につければ、仕事のできる頼もしいクラスに成長するのではないでしょうか。

富士山見れるまで
あと30分くらいだね～
祭
コラッ!!
周りの迷惑に
なるだろ
静かにしろ！
POP CORN
おっ!!
おっ
富士山
だぞ！
疲れてみんな
眠ってしまったか・・・

新《しん》横《よこ》浜《はま》
なんで起こしてくれなかったんですかっ!?
えっ
いや・・・

第13話 中学校の説明会

今日は中学生が中学校の説明に来てくれています
それでは今から質問タイムにします質問がある人いますか？
3班
2班

引っぱり力

先頭に立ってみんなを動かすことのできる力のことです。この価値語を身につけていくと、「一人から始める」「一人が美しい」「一人で素早く全力で」などの価値語に発展していきます。

シーン
どうしよう誰も手を挙げない・・・
はい
よし ここは学級代表の私が手を挙げて空気を変えよう
はい
はい
はい
やった！空気が変わった
それじゃ最初に手を挙げてくれた女の子
質問内容考えてなかった!!

わたしの「シンデレラフィット」

自分にとってぴったりなものを見つけるという意味の価値語です。今の自分にぴったりと当てはまる考え方や楽しさなど、生き方や在り方を考えながら、豊かな毎日を過ごしましょう。

あの・・・中学は先生が厳しいイメージあるんですが実際はどうなんですか？
厳しい先生もいるけどそこがとても楽しいよ
え？
いろんな先生を知って自分にフィットする生き方を考えることができるから
自分にフィットする生き方・・・
フィット・・・？
服のことじゃないと思うよ…

どこでも咲ける人に

子どもたちには、様々な未来が待っています。卒業して環境が変わっても、自分らしさを発揮できるように、今という時間を大切にしたいものです。違う環境でも適応できる力を身につけましょう。

優秀な中学生になるにはどうしたらいいですか？
大事なのはどこでも咲ける人になることだと思います
どこでも咲ける？
環境は常に変化するのでそれに対応することです
むずかしい…
変化に対応？
なるほどな〜
先生が感心してる…

心は太陽

辛いときや悩むときもありますが、いつも心にはどこまでも明るい太陽をもっていたいものです。いつも前向きにものごとを考えようとする明るい心が、明るい環境や未来をつくり出すのです。

暗い顔して どうしたの？
やっぱり先の見えない 未来は不安なので・・・
分かるわ！ そんな時こそ 明るい気持ちを もつことが大切よ
心は太陽！よ
心は太陽・・・
ありがとう ございます！
来月の生活費を 今から気にしても 仕方ないですよね
生活費？

つま先が心の向き

つま先の向きが、心の在り方を示します。正対して学んでいきましょう。つま先をしっかりと話している人に向けることは、その人に心を寄せることにつながり、結果として学びが深まります。

みんな真面目に聞いているな
つま先もきちんと相手の方を向いているし・・・
あれ？
なっ!!

心の器を大きくする

心の器を大きくすることで、ちょっとしたことで怒ったりイライラしたりしない、成長した心になります。毎日の少しずつの努力で、自分の心を大きく育てていきましょう。

なんだその態度は!!
中学生に失礼だろ!
お前の心の在り方はどうなっているんだ!
そんなに怒らないでください
私たちは気にしていないので
だが・・・
中学生の方が先生より心の器が大きいじゃん
お前が言うな!!

中学生を超えろ

小学校を卒業することはゴールではなく、中学校進学以降も、一生成長への挑戦は続きます。常に向上心をもって、毎日を過ごしましょう。

中学生の人たちとっても大人だったね・・・
うん
よしっ！中学生を超えるぞー
向上心すごいね
えへへ本当にできるか分からないけどそう思わないと成長できないと思ってね
私なんか全然中学生を超えられる気がしないよ
家計簿
いやリンはある意味とっくに超えてると思うよ

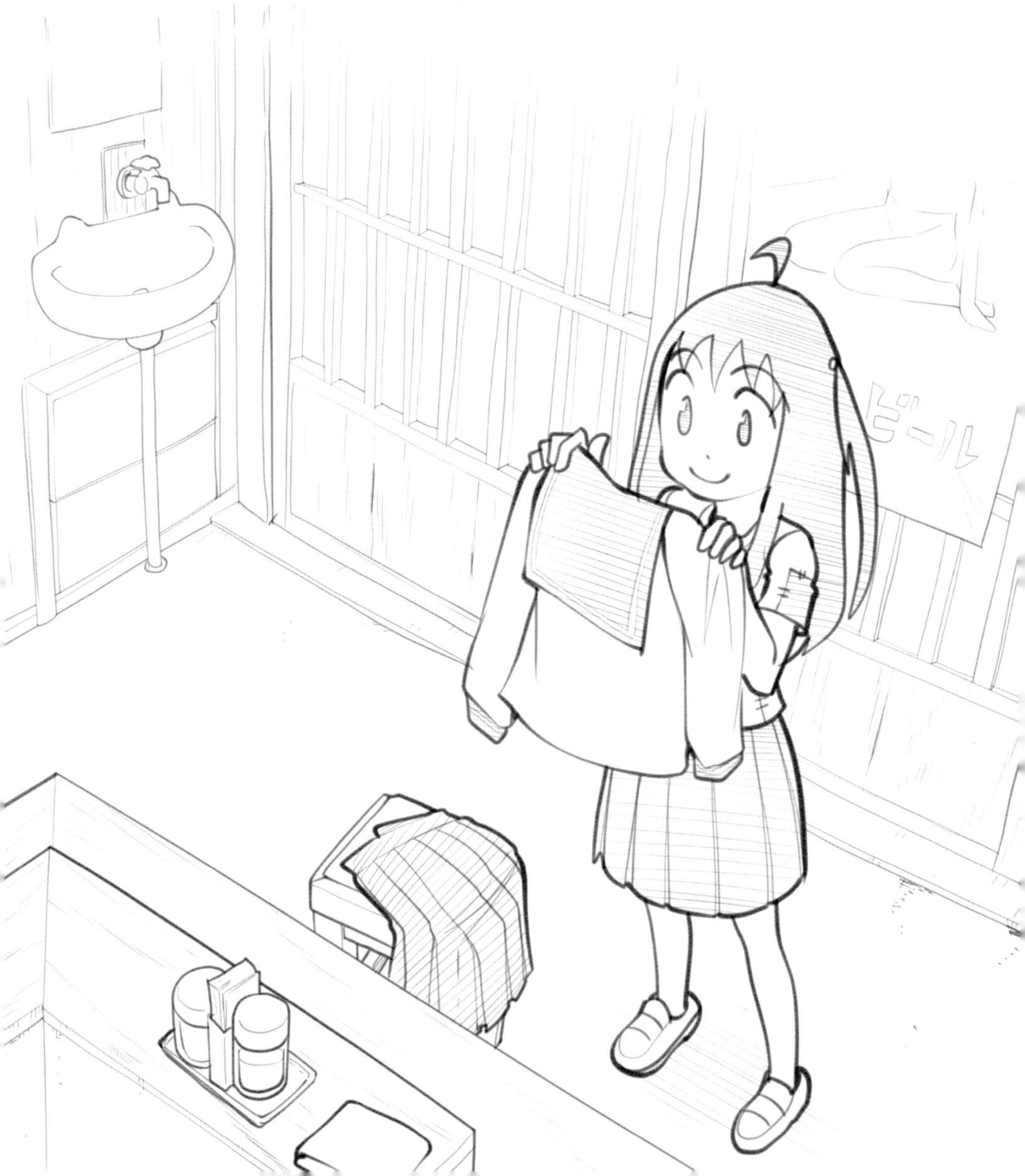
ビール

卒業式
ガラ
おはよう〜

クラス目標
みんなで最高に!!
もう最高を目指すことないんだね
何言ってんのこれから始まる卒業式も最高を目指すんでしょ?
ううん
え?
だって…

最高を超える卒業式に

この価値語は、６年間、単学級で過ごした子どもたちの中から生まれました。濃い時間を過ごしてきた分、つながりが強いのでしょう。仲間と笑い合える最高の卒業式にしたいと決意していました。

第14話　卒業
最高を超える卒業式にしなきゃ！
卒業式

世界を視野に学び続けよう

日本の常識は、世界の常識ではありません。国が違えばルールや空気感さえ違ってきます。共生していくためには、視野の狭い考え方では成り立ちません。世界を視野にいつまでも学び続けましょう。

卒業式って ゴールじゃなく 通過点だと思うの
だから私 世界を視野に ITを学ぼうと 思ってるんだ!
すごーい
ちなみに ITって何? なんとなくしか 分かんなくて…
… いや ITは ITよ…
分かって ないのかも…

人だからできること

自動化・ロボット化の時代です。コンピュータやロボットではできないこともたくさんあります。相手の心を読んだり、その場の空気を読んだり、人だからできることを大切にしていきたいものです。

卒業式
あれ？ピアノ壊れたのかな？
調律師さんが音の調律をしているんだよ
人がその場で感じて微妙な調整をしないといい音が出ないんだよ
へーギリギリまでやってくれて感謝だね
ＩＴが進んでも人でしかできないことってまだまだあるんだな…

成長の証《あかし》を刻もう

成長の証を刻むことは、成長し続ける人を育てることにつながります。成長の証を刻むことを経験した人は、困難に負けることなく、自分の納得がいく成果が出るまで挑み続けることができます。

卒業式
卒業証書 鈴音リン
はい
表彰状
なわとび大会準優勝
6年1組は第21回
なわとび大会において
成長の証を刻めた1年だったな～
とは言え…
家計簿
家計はマイナスみたいだけどな
えっ!?

人は人の中で人になる

この価値語は、「人は互いに成長し合う」という意味をもっています。自分一人では成長できません。相手軸やＷＩＮ-ＷＩＮ-ＷＩＮが身についているからこそ成長できるのです。

もう
そういうデリカシーないとこ全く成長してないよね！
なっ!!
あら
成長したと思うわよ
だよなー
成長して
やっとこの程度のデリカシーなのよね
えっ?
ポン
プッ
6-1
フォローになってないよ～
キアハハハハ

目線の糸

しっかりと相手の目を見て、話を聞くことが大切です。目と目が、まるで糸でつながっているかのように見て話を聞くことで、相手に「聞いているよ」という感じを伝えることもできます。

最後にみんなに話をしようと手紙を書いて来たんだ
みんな真剣な眼差しで聞こうとしてくれている…
なのに…
見えなくなってきちまった…

伝えたいことを直球で

自分の考えていることを、言葉を飾らずまっすぐに伝えましょう。本当に伝えたいことを自分の言葉で書き、その言葉で矢のようにまっすぐ相手に向かって話すことが大切です。

だめだ
涙で読めない…
みんな…
本当に
ありがとう

ずっと見ているのは

人が見ていない場所はありません。常によい行いをしましょう。よいことに触れればよい心が育ち、悪いことに触れれば悪い心が育ちます。自分のしていることは最も近いところで行われていることです。

私が最後の一人か…
それにしても机の並びガタガタだな…
まいっか誰も見てないし…
とは言っても私自身が見てるんだよね…
ガタ
ガタ

心の中に「全員」を！

いつでも心の中にはみんながいます。みんながいることが、心を強くするのです。全員が全員にプラスの言葉をかけ、お互いを支え合うことで、いろいろな課題を乗り越えることができるのです。

卒業か…
大丈夫
これからもみんな一緒だ

キーンコーン
カーンコーン

読んでいただき
ありがとうございました〜！

索引1 価値語索引

それぞれの価値語の詳しい解説は、「価値語１００ハンドブック❷」（中村堂）をご覧ください。

この索引では本書の掲載順に価値語を並べています。下の丸番号と数字が、それぞれの価値語番号と掲載ページ数を示しています。

価値語

本書ページ数	価値語	価値語番号	ハンドブックページ数
35	学力は楽力	67	172
36	漢字オタクになる	13	62
37	えんぴつが止まらない	64	166
38	ＴＴＰ 徹底的にパクる	81	200
39	限界突破	71	180
40	全ての経験は、成長に通ず	31	98
44	理由のない意見はいじめだ	89	216
45	ほめ言葉は、ＨＯＭＥから	52	140
46	すずめの注意力	94	223
47	本気の拍手	98	227
48	拍手は笑顔で受けとめる	96	225
49	スマイル平和	32	100
50	三十人無限色	24	84

価値語

本書ページ数	価値語	価値語番号	ハンドブックページ数
52	美・体育	44	124
53	1回の挑戦は、∞の可能性への扉	5	46
54	ちゃんとした言葉をちゃんとした言い方で	37	110
55	黙想で心のリセット	57	150
56	練習でさらなる進歩	62	160
57	自分を見捨てない	75	188
58	諦めない心	1	38
62	全力挙手	78	194
63	公を意識する	92	221
64	ほめられ上手はほめ上手	85	208
65	机の乱れは心の乱れ	80	198
66	学校の顔になる	68	174
67	気づきの目	70	178

本書ページ数	価値語	価値語番号	ハンドブックページ数
68	ブラウニー39!(サンキュー)	50	136
70	言葉を磨く	93	222
71	原始人になろう	17	70
72	目で聞く	99	228
73	自ら白羽の矢を立たす	53	142
74	天使活動	41	118
75	信じて、任せる	28	92
76	みんなで最高に	55	146
80	うさぎの耳をもつ	91	220
81	優しさずもう	58	152
82	地蔵魂	25	86
83	人の仕事を奪え	47	130
84	膝で掃除をする	45	126

本書ページ数	価値語	価値語番号	ハンドブックページ数
85	親心のように温かく	9	54
86	恩送り	66	170
88	帰りの自主練	11	58
89	本気の練習	86	210
90	思いやりは目に見えにくいもの	8	52
91	存在で支える	36	108
92	協力は無限の力	16	68
93	成長の涙	95	224
94	勝利より成長を	76	190
96	こだわり切る	22	80
97	反論こそ意見	82	202
98	ぶち壊す	49	134
99	考えの品種改良	69	176

索引2 50音順索引

こちらの索引は、本書掲載の価値語を50音順に並べたものです。下の丸番号と数字は、「価値語100ハンドブック❷」（中村堂）の価値語番号と掲載ページ数を示しています。

あ行

か行

本書に掲載した価値語　作者一覧

①諦めない心	(宮崎県　錦織謙一)
②握手で始まり握手で終わる	(千葉県　古舘良純)
③朝からハイジャンプ	(千葉県　古舘良純)
④暗記全開	(千葉県　古舘良純)
⑤１回の挑戦は、∞の可能性への扉	(タイ　川尻年輝)
⑥五つのシンをもとう！	(長野県　川尻年輝)
⑦命プレゼンター	(大分県　大西一豊)
⑧思いやりは目に見えにくいもの	(宮崎県　錦織謙一)
⑨親心のように温かく	(宮城県　木村充希)
⑩カイゼン	(宮崎県　錦織謙一)
⑪帰りの自主練	(千葉県　古舘良純)
⑫勝ち負けの価値	(大分県　大西一豊)
⑬漢字オタクになる	(千葉県　古舘良純)
⑭「がんばれ」は励ましの言葉	(宮崎県　錦織謙一)
⑮義勇軍の力	(広島県　赤木真美)
⑯協力は無限の力	(宮崎県　錦織謙一)
⑰原始人になろう	(千葉県　古舘良純)
⑱コインの裏表で考えよう	(長野県　川尻年輝)
⑲行動尾までしっかりと	(山形県　曽根原隼)
⑳心の中に全員を	(千葉県　古舘良純)
㉑心は太陽	(大分県　大西一豊)
㉒こだわり切る	(宮崎県　錦織謙一)
㉓最高を超える卒業式に	(宮崎県　錦織謙一)
㉔三十人無限色	(広島県　中國達彬)
㉕地蔵魂	(千葉県　古舘良純)
㉖しなやかに生きる	(宮崎県　錦織謙一)
㉗自分の限界を超える	(宮崎県　錦織謙一)
㉘信じて、任せる	(広島県　梅田駿)
㉙審美眼を磨け！	(広島県　赤木真美)
㉚ずっと見ているのは	(宮崎県　錦織謙一)
㉛全ての経験は、成長に通ず	(タイ　川尻年輝)
㉜スマイル平和	(大分県　大西一豊)
㉝成長の証を刻もう	(香川県　納田健太)
㉞世界を視野に学び続けよう	(長野県　川尻年輝)
㉟全員出働	(宮崎県　錦織謙一)
㊱存在で支える	(広島県　河内伯子)
㊲ちゃんとした言葉をちゃんとした言い方で	(北海道　藤倉稔)
㊳中学生を超えろ	(千葉県　古舘良純)
㊴伝えたいことを直球で	(広島県　河内伯子)
㊵つま先が心の向き	(長野県　川尻年輝)
㊶天使活動	(愛知県　萩原舞)
㊷どこでも咲ける人に	(宮崎県　錦織謙一)
㊸「はた」を「らく」にする	(宮崎県　錦織謙一)
㊹美・体育	(大阪府　奥野晃久)
㊺膝で掃除をする	(宮崎県　錦織謙一)
㊻人だからできること	(宮崎県　錦織謙一)
㊼人の仕事を奪え	(千葉県　古舘良純)
㊽一人でいるのも意味がある	(宮崎県　錦織謙一)
㊾ぶち壊す	(宮崎県　錦織謙一)
㊿ブラウニー39！(サンキュー)	(大分県　大西一豊)

《注》丸番号は、「価値語100ハンドブック❷」の価値語番号を示しています。

(51)ほほ笑み返し力　(広島県　赤木真美)
(52)ほめ言葉は、HOMEから　(長野県　川尻年輝)
(53)自ら白羽の矢を立たす　(広島県　赤木真美)
(54)未来と今を比べろ　(千葉県　古舘良純)
(55)みんなで最高に　(宮崎県　錦織謙一)
(56)目線の糸　(千葉県　古舘良純)
(57)黙想で心のリセット　(宮崎県　錦織謙一)
(58)優しさずもう　(大分県　大西一豊)
(59)優しさの可視化　(千葉県　古舘良純)
(60)よい無視　(愛知県　萩原舞)
(61)汚れた手こそ美しい　(宮崎県　錦織謙一)
(62)練習でさらなる進歩　(宮崎県　錦織謙一)
(63)わたしの「シンデレラフィット」　(福岡県　谷川康一)
(64)えんぴつが止まらない　(山形県　曽根原隼学級)
(65)汚心から清心へ　(山形県　曽根原隼学級)
(66)恩送り　(山形県　曽根原隼学級)
(67)学力は楽力　(山形県　曽根原隼学級)
(68)学校の顔になる　(山形県　曽根原隼学級)
(69)考えの品種改良　(山形県　曽根原隼学級)
(70)気づきの目　(山形県　曽根原隼学級)
(71)限界突破　(山形県　曽根原隼学級)
(72)心の器を大きくする　(山形県　曽根原隼学級)
(73)先読み力　(山形県　曽根原隼学級)
(74)自速時行　(山形県　曽根原隼学級)
(75)自分を見捨てない　(山形県　曽根原隼学級)
(76)勝利より成長を　(山形県　曽根原隼学級)
(77)成長の肥料　(山形県　曽根原隼学級)
(78)全力挙手　(山形県　曽根原隼学級)
(79)他人事にしない　(山形県　曽根原隼学級)
(80)机の乱れは心の乱れ　(山形県　曽根原隼学級)
(81)ＴＴＰ 徹底的にパクル　(山形県　曽根原隼学級)
(82)反論こそ意見　(山形県　曽根原隼学級)
(83)引っぱり力　(山形県　曽根原隼学級)
(84)人は人の中で人になる　(山形県　曽根原隼学級)
(85)ほめられ上手はほめ上手　(山形県　曽根原隼学級)
(86)本気の練習　(山形県　曽根原隼学級)
(87)身ぶり手ぶり力　(山形県　曽根原隼学級)
(88)モードチェンジ　(山形県　曽根原隼学級)
(89)理由のない意見はいじめだ　(山形県　曽根原隼学級)
(90)りんとした空気　(山形県　曽根原隼学級)
(91)うさぎの耳をもつ　(山形県　曽根原隼学級)
(92)公を意識する　(山形県　曽根原隼学級)
(93)言葉を磨く　(山形県　曽根原隼学級)
(94)すずめの注意力　(山形県　曽根原隼学級)
(95)成長の涙　(山形県　曽根原隼学級)
(96)拍手は笑顔で受けとめる　(山形県　曽根原隼学級)
(97)風車のように受けとめる　(山形県　曽根原隼学級)
(98)本気の拍手　(山形県　曽根原隼学級)
(99)目で聞く　(山形県　曽根原隼学級)
(100)「やります」は「のびます」　(山形県　曽根原隼学級)

《注》都道府県名は、作品応募当時のものです。

●著者紹介

松下幸市朗（まつした・こういちろう）

1977年北海道生まれ。京都芸術大学マンガ学科准教授。

アシスタントとしてマンガ業界に入り、個人でKindleより出版した「ひとり暮らしの小学生」が宝島社より書籍化され、シリーズ累計28万部のヒット。

制作活動と並行し、2014年より専門学校での非常勤講師としてマンガ教育を開始。その後、現職。

電子書籍の研究・デジタルの特性を活かした新しい時代に対応するカラーマンガ表現に力を入れている。　※2024年6月30日現在

本書は、「今の教室を創る 菊池道場機関誌『白熱する教室』」第22号（2020年秋号）から第35号（2024年冬号）に掲載された内容を、コミックス用に加筆・修正した上で再構成し、1冊にまとめたものです。

ひとり暮らしの小学生／価値語篇❷

2024年7月22日　第1刷発行

著　／松下幸市朗　価値語コンクール実行委員会
発行者／中村宏隆
発行所／株式会社　中村堂
〒104-0043　東京都中央区湊3-11-7　湊92ビル4F
Tel.03-5244-9939　Fax.03-5244-9938
ホームページ　http://www.nakadoh.com

印刷・製本／日本ハイコム株式会社

ISBN978-4-907571-96-2